El mundo de la tecnología

LOS INVENTOS
del siglo XX

Jenna Winterberg

Créditos de publicación

Rachelle Cracchiolo, M.S.Ed., *Editora comercial*
Conni Medina, M.A.Ed., *Gerente editorial*
Nika Fabienke, Ed.D., *Realizadora de la serie*
June Kikuchi, *Directora de contenido*
Caroline Gasca, M.S.Ed., *Editora*
John Leach, *Editor asistente*
Sam Morales, M.A., *Editor asistente*
Lee Aucoin, *Diseñadora gráfica superior*
Sandy Qadamani, *Diseñadora gráfica*

TIME For Kids y el logo TIME For Kids son marcas registradas de TIME Inc. y se usan bajo licencia.

Créditos de imágenes: págs.4–5, 11 Granger, NYC; pág.5 (inferior) Vintage Images/Alamy Stock Photo; pág.6 (inferior) Bettmann/Getty Images; pág.9 Library of Congress [LC-DIG-ggbain-30251]; pág.13 ilustración de cinturón de seguridad por Timothy J. Bradley; pág.17 (computadora ENIAC) Pictorial Press Ltd/Alamy Stock Photo, (Compaq Plus) INTERFOTO/Alamy Stock Photo; pág.24 (inferior) Getty Images; todas las demás imágenes de iStock y/o Shutterstock

Todas las empresas y los productos mencionados en este libro son marcas registradas de sus respectivos propietarios o creadores y solo se utilizan con fines editoriales; el autor y la editorial no persiguen fines comerciales con su uso.

Teacher Created Materials
5301 Oceanus Drive
Huntington Beach, CA 92649-1030
http://www.tcmpub.com
ISBN 978-1-4258-2708-3
© 2018 Teacher Created Materials, Inc.
Made in China
Nordica.102017.CA21701217

Contenido

El pasado está presente...................4

Una casa ideal 6

De la calle al espacio 12

La vida en la era de la
alta tecnología 16

Volver al futuro 26

Glosario 28

Índice 29

¡Échale un vistazo! 30

¡Inténtalo! 31

Acerca de la autora......................32

El pasado está presente

Es el año 1900. Solo unos pocos hogares tienen cableado **eléctrico** y agua corriente. Las personas viajan a pie, a caballo o incluso en **tranvía**. El mundo está cambiando.

Los inventores de la época quieren que la vida tenga un ritmo más rápido y fácil. ¿Pero qué harán las personas con su tiempo libre? Algunas mentes brillantes trabajarán para inventar cosas nuevas. Pronto habrá muchas opciones.

Transporte en EE. UU. en el siglo xx

Cantidad de	1900	1999
caballos	22 millones	5 millones
vías de tren	193,000 millas	144,500 millas
vías de tranvía	16,645 millas	191 millas
automóviles	8,000	208 millones
caminos pavimentados	144	4 millones

carro tirado por caballo a principios del siglo xx

Una casa ideal

Las casas modernas parecerían una fantasía para una persona de principios del siglo xx. ¡Hoy usamos aparatos increíbles! Vemos la televisión. Enviamos correos electrónicos y hacemos compras desde la computadora. Tenemos máquinas que lavan la vajilla y la ropa.

Cocinar ya no es la misma tarea que antes. Hacer pan tardaba ocho horas. Hoy tenemos pan de molde y tostadoras. Compramos alimentos precocidos. Calentamos la comida en hornos de microondas.

¡Los primeros microondas eran enormes! Este es de los años 50.

Línea del tiempo de inventos para el hogar

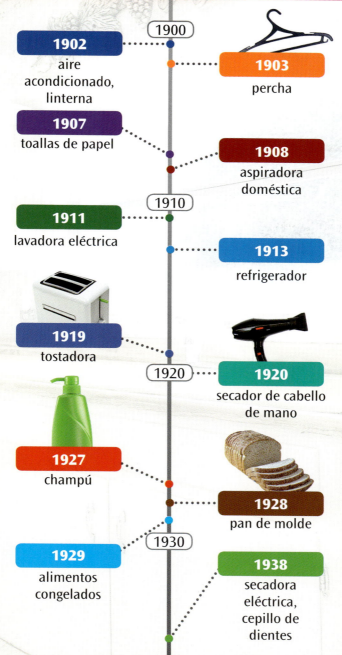

- 1900
- **1902** aire acondicionado, linterna
- **1903** percha
- **1907** toallas de papel
- **1908** aspiradora doméstica
- 1910
- **1911** lavadora eléctrica
- **1913** refrigerador
- **1919** tostadora
- 1920
- **1920** secador de cabello de mano
- **1927** champú
- **1928** pan de molde
- 1930
- **1929** alimentos congelados
- **1938** secadora eléctrica, cepillo de dientes

7

Una verdadera aspiración

¿Qué motiva los inventos? En el caso de James Spangler, el asma. Su trabajo era limpiar un centro comercial entero todas las noches. Pero al barrer levantaba polvo y le hacía mal a los pulmones.

Spangler tuvo una idea. Le puso un **motor** eléctrico a su escoba. Luego le agregó las aspas de un ventilador. El motor hacía girar las aspas para que aspiraran la basura. Lo único que necesitaba era un lugar donde juntarla. Usó la funda de una almohada.

Spangler solucionó su problema. Inventó la aspiradora eléctrica portátil.

Una mujer usa una aspiradora a principios del siglo xx.

Cocinas en la onda

Las cocinas han evolucionado mucho. No todos los avances tienen que ver con la cocción. Mantener los alimentos refrigerados hace que duren más. También son más seguros.

En el pasado, se usaban hieleras. Los alimentos se mantenían frescos en cajas de madera. En el interior de estas cajas había bloques de hielo.

En 1913, Fred Wolf le agregó una unidad eléctrica en la parte superior. El aire frío refrigeraba la caja. Así nació el refrigerador.

Inspirado por una barra de chocolate

Los microondas usan ondas cortas que no podemos ver. Percy Spencer trabajaba en una estación donde se probaban **radares**. La barra de chocolate que tenía en el bolsillo se derritió al caminar cerca de un equipo. Se dio cuenta de que las ondas de un radar podían calentar los alimentos.

Un muchacho carga hielo en una hielera.

De la calle al espacio

Gracias a los inventos, viajar es más seguro y fácil. Las heridas provocadas por los automóviles eran comunes. Los conductores no eran los que corrían riesgos. Los peatones se enfrentaban al peligro de los automóviles en las calles muy transitadas. Los semáforos ayudaron a solucionar el problema.

Los inventos automotrices

1903
limpiaparabrisas

1938
luces de giro

1910
arranque eléctrico

Los viajes por carretera se hicieron populares a medida que el costo de los automóviles disminuía. Se hicieron incluso más comunes cuando se construyeron autopistas que comunicaron ciudades.

Las personas solían viajar en tren o en barco. Pronto, los aviones se volvieron más populares. Lograron que viajar fuera más rápido. Los viajes al espacio exterior los siguieron de cerca. En 1969, ¡Estados Unidos envió a la Luna hombres, que después regresaron!

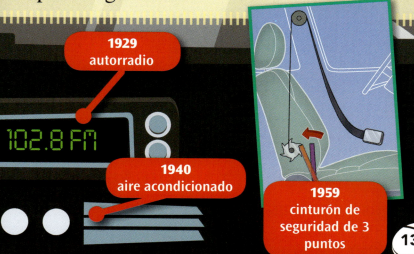

1929
autorradio

1940
aire acondicionado

1959
cinturón de seguridad de 3 puntos

La era de los aviones de reacción

Los hermanos Wright volaron por primera vez en 1903. Tres décadas después, el primer avión de pasajeros tenía tan solo 10 asientos. Durante mucho tiempo, solo los ricos podían pagar un viaje en avión. La Segunda Guerra Mundial cambió esa situación.

Estados Unidos necesitaba mejores aviones de combate. Surgieron tres grandes inventos durante los años 40. El primero fue la presión de la cabina. Ahora los aviones podían volar más alto. Luego llegaron los motores de reacción. Los aviones podían ir más lejos y más rápido. Después aparecieron las herramientas de radar. Los vuelos se volvieron más seguros.

Pronto, aumentaron los vuelos y más personas podían volar.

La potencia de los cohetes

Los cohetes ganaron más potencia gracias a los motores de reacción. Eso permitió que nuevas sondas y **satélites** dejaran la Tierra. La NASA usó cohetes para enviar hombres a la Luna. También construyó transbordadores espaciales para repetir los viajes.

La vida en la era de la alta tecnología

A muchas personas les cuesta imaginar cómo era la vida antes de las computadoras. ¡Las primeras computadoras que se inventaron eran enormes! Una máquina pesaba 50 toneladas (45 toneladas métricas). Con el tiempo, la tecnología de gran tamaño dio paso a la alta tecnología. Actualmente, tan solo un **microchip** de una computadora portátil puede hacer más de lo que hacían las primeras computadoras.

Las personas dependen de la tecnología. Les ayuda a hacer cosas más rápido. Les deja tiempo libre. Los inventores intentan mejorar la tecnología todo el tiempo.

De grande a pequeño

1940

1946
La computadora ENIAC de 1946 pesaba tanto como 6 elefantes.

1970

1975
La computadora portátil de IBM de 1975 pesaba tanto como un perro husky.

2000

1999
Para 1999, algunas computadoras portátiles pesaban menos de 3 libras; como el peso de un gatito de 12 semanas de vida.

Música para llevar

Hace cien años, las personas escuchaban música con fonógrafos. Estas máquinas tenían cilindros con los sonidos grabados. Después aparecieron los discos de vinilo. Podían tener más canciones. También tenían mejor sonido.

Pero las personas deseaban escuchar música en otros lugares. Rápidamente se crearon las cintas de 8 pistas, los casetes y los discos compactos (CD). Las personas podían escuchar música en el automóvil o mientras caminaban. Cada nuevo invento era más pequeño y más fácil de guardar. Y todos ofrecían mejor sonido. Luego, con el MP3, la música se convirtió en digital.

Medios musicales modernos

Formato	Año de invención	Beneficio
disco de vinilo	1948	mayor duración
casete	1962	tamaño pequeño
cinta de 8 pistas	1963	uso en la carretera
CD	1982	alta calidad
MP3	1994	fácil de almacenar

Canta conmigo

En 1969, un músico de Japón tuvo una idea. No siempre podía tocar música para su amigo a quien le gustaba cantar. Para solucionarlo, inventó la máquina de karaoke. ¡Reproduce la música para que te acompañe mientras cantas!

Ver la tele

Los tubos de vacío dieron origen a los televisores. Se inventaron en 1904. Concentran las ondas luminosas. Esto crea imágenes en la pantalla. Estos tubos también se usan en otras máquinas. Se encuentran en los radios y en las computadoras.

En los años 50, los televisores cambiaron nuevamente. Se volvieron más rápidos y pequeños. Los transistores cambiaron la forma en que se usaba la electricidad en los televisores y en otras máquinas. Esto hizo que los dispositivos fueran aún más rápidos y pequeños.

En color

Los primeros aparatos de televisión en color se inventaron en los años 40. Pero eran caros, y muchas emisoras no transmitían programas en color. Los televisores fueron más baratos en los años 60, y se hicieron muchos más programas en color.

Ganarse al público

Año	Televisores en Estados Unidos
1945	10,000
1950	6 millones
1960	60 millones
1997	219 millones

Llámame cuando quieras

Los primeros teléfonos celulares se vendieron en 1983. Las personas estaban entusiasmadas con este nuevo invento. ¡Pero el primer celular era enorme! Todos querían teléfonos más pequeños. Con el tiempo, los celulares fueron más pequeños y elegantes. Se volvieron digitales. Los teléfonos digitales son como los relojes digitales. No tienen piezas movibles. La tecnología digital ocupa menos espacio.

En los últimos años, las personas deseaban que sus teléfonos tuvieran más funciones. Querían tomar fotografías y jugar con sus aparatos. Para que esto fuera posible, los celulares se han vuelto más grandes.

uno de los primeros teléfonos celulares portátiles

Con imágenes

Los emoticonos simples muestran emociones y se forman con teclas comunes del teclado. La cara sonriente :) es uno de los emoticonos más comunes. Luego se crearon nuevos símbolos. Se llaman *emoji*. La cara sonriente se transformó en esto: 😊. Ya sean caras o imágenes, estos símbolos pueden transmitir mensajes sin usar palabras.

Ayuda médica

En 1918, muchas personas murieron a causa de la gripe. Los médicos trabajaron para averiguar qué causaba las enfermedades. Estudiaron la sangre. Aprendieron sobre las **bacterias**. Esto llevó a la invención de las vacunas, las cuales salvan vidas.

Los médicos comenzaron a usar materiales nuevos para ayudar a los enfermos. Descubrieron que el **titanio** podía fusionarse con los huesos. Lo usaron para curar fracturas. También se podía usar plástico dentro del cuerpo. ¡Los médicos incluso fabricaron un corazón mecánico!

corazón mecánico

Volver al futuro

Tratar de inventar algo puede ser como resolver un rompecabezas. No es fácil ver la imagen antes de que las piezas estén en su lugar. Desarrollar algunos inventos lleva mucho tiempo. Otros se hacen rápidamente. Algunas cosas que tenemos hoy parecían imposibles hace cien años.

Pero algunas personas se esforzaron para hacerlas realidad. Muchos artefactos nuevos se crearon en el siglo xx. Las personas vieron problemas y trataron de solucionarlos. Querían que la vida fuera más fácil. Así es como se inventó el automóvil, la televisión y el horno de microondas. ¡Ahora muchas personas no pueden vivir sin estos inventos!

Llévame volando al centro comercial

¿Qué planea y puede viajar entre ciudades como los trenes de antes? Un automóvil volador, por supuesto. Una empresa tiene grandes planes para lanzar esta tecnología en 2021.

Glosario

bacterias: criaturas pequeñitas que solo pueden verse con un microscopio

eléctrico: relacionado con la electricidad; un tipo de energía

microchip: circuito de computadora pequeño

motor: máquina para conducir u operar algo

radares: sistemas que detectan objetos como aviones y barcos

satélites: objetos que orbitan otros objetos del espacio para obtener información

titanio: metal fuerte y liviano

tranvía: tipo de transporte público que funciona sobre rieles

Índice

aspiradora, 7–9

automóvil, 5, 12–13, 18, 27

avión, 13–14

avión de reacción, 14

CD, 18–19

computadora, 6, 16–17, 20

correo electrónico, 6

karaoke, 19

microchip, 16

microondas, 6, 10, 27

MP3, 18–19

radio, 13, 20

refrigerador, 7, 10

satélite, 15

Spangler, James, 8

teléfono celular, 22–23

televisión, 6, 21, 27

televisor, 20–21

transbordador espacial, 15

tren, 5, 13, 27

tubo de vacío, 20

vacuna, 24–25

Wolf, Fred, 10

Wright, hermanos, 14

¡Échale un vistazo!

Libros

Editors of TIME For Kids Magazine. 2015. *Book of WHAT: Everything Inventions*. TIME For Kids.

Mizielinska, Aleksandra. 2016. *¡Paténtalo! El libro de los inventos útiles y disparatados de la historia*. Ediciones Ekaré.

Videos

David Harris Katz Entertainment, Inc. *Wow, I Never Knew That!* David Harris Katz Entertainment, Inc.

Nash, Bruce. *Modern Marvels*. The History Channel.

Páginas web

Educapeques. *Grandes inventos y descubrimientos.* www.educapeques.com/lectura-para-ninos/inventos-y-descubrimientos/.

¡Inténtalo!

¿Cuál de los inventos que se mencionan en este libro es tu preferido?

- ¿Qué te gusta del invento? ¿Qué es lo que no te gusta?
- ¿Cómo podrías mejorarlo?
- Escribe un párrafo con tus ideas. También puedes hacer un dibujo y rotular las partes de tu invento.
- Comparte tus ideas con la clase.

Acerca de la autora

Jenna Winterberg comenzó a escribir para publicaciones impresas cuando estaba en el bachillerato. Ha trabajado para catálogos, revistas y libros. Le encantan la ciencia, la vida al aire libre y los viajes. Vive en Los Ángeles, donde usa la ciencia como su instructora personal.

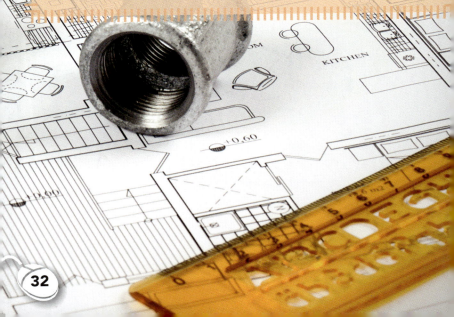